essentials

Essentials liefern aktuelles Wissen in konzentrierter Form. Die Essenz dessen, worauf es als „State-of-the-Art" in der gegenwärtigen Fachdiskussion oder in der Praxis ankommt. Essentials informieren schnell, unkompliziert und verständlich

- als Einführung in ein aktuelles Thema aus Ihrem Fachgebiet
- als Einstieg in ein für Sie noch unbekanntes Themenfeld
- als Einblick, um zum Thema mitreden zu können.

Die Bücher in elektronischer und gedruckter Form bringen das Expertenwissen von Springer-Fachautoren kompakt zur Darstellung. Sie sind besonders für die Nutzung als eBook auf Tablet-PCs, eBook-Readern und Smartphones geeignet.

Essentials: Wissensbausteine aus Wirtschaft und Gesellschaft, Medizin, Psychologie und Gesundheitsberufen, Technik und Naturwissenschaften. Von renommierten Autoren der Verlagsmarken Springer Gabler, Springer VS, Springer Medizin, Springer Spektrum, Springer Vieweg und Springer Psychologie.

Martin Elbe

Führung unter Ungewissheit

Zehn Thesen zur Zukunft der Führung

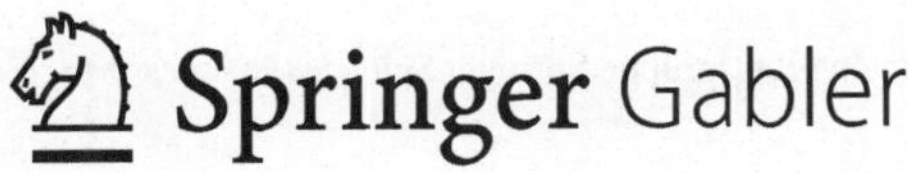

Martin Elbe
H:G Hochschule für Gesundheit
und Sport
Berlin
Deutschland

ISSN 2197-6708   ISSN 2197-6716 (electronic)
essentials
ISBN 978-3-658-07779-2   ISBN 978-3-658-07780-8 (eBook)
DOI 10.1007/978-3-658-07780-8

Die Deutsche Nationalbibliothek verzeichnet diese Publikation in der Deutschen Nationalbiblio-grafie; detaillierte bibliografische Daten sind im Internet über http://dnb.d-nb.de abrufbar.

Springer Gabler

Gedruckt auf säurefreiem und chlorfrei gebleichtem Papier

Springer Fachmedien Wiesbaden ist Teil der Fachverlagsgruppe Springer Science+Business Media
(www.springer.com)

Vorwort

Dieser Beitrag basiert auf einem Kapitel des Herausgeberbandes „Zukunft der Führung" von Sven Grote, erschienen 2012 im Verlag Springer Gabler. Ausgangspunkt der Überlegung zur Zukunft der Führung war die Erkenntnis, dass Führung ein Anspruch der Geführten an die Führungskraft ist. Diese Erkenntnis langjähriger Beschäftigung mit dem Thema Führung verknüpft die Anfänge der Führungsforschung mit den aktuellen Potenzialen zur Bewältigung von Ungewissheit.

Inhaltsverzeichnis

Einleitung 1

Mit dem Titel ‚Die Zukunft der Führung' stellte der Herausgeber eines aktuellen Sammelbandes zur Führung (Grote 2012)[1] die Autorinnen und Autoren vor eine Sisyphos-Aufgabe: Zum einen sollte ein Grundproblem menschlichen Zusammenlebens und -arbeitens behandelt werden (Wie koordinieren wir uns?) – zum anderen wurde verlangt, seherische Fähigkeiten zu zeigen und in die Zukunft zu blicken. Dem haftet etwas Absurdes an, denn mit dieser Aufgabe waren die Autorinnen und Autoren zum Scheitern verurteilt und mussten sich der Herausforderung doch stellen. Zum Scheitern verurteilt ist man in der Behandlung des Führungs-Themas grundsätzlich, da es ein Grundproblem unseres sozialen Seins anspricht, Antworten hierauf also schon zuhauf vorliegen – was gibt es da schon Neues zu sagen? Darüber hinaus wird die Zukunft, unabhängig davon, wie fern sie gedacht wurde, irgendwann zum Heute und damit stellt sich die Frage erneut. Sich mit der Zukunft der Führung auseinanderzusetzen hat also etwas Absurdes und die Sinnhaftigkeit der Auseinandersetzung mit dieser Absurdität findet sich darin, diese immer wieder anzunehmen. Wie der mythische Sisyphos müssen wir den Stein ‚zukünftiger Führung' immer wieder den Berg hinaufrollen, um dann festzustellen, dass, wenn die Zukunft zum Heute geworden ist, die Frage erneut auftaucht, der Stein also wieder unten liegt. Dieses Problem verbindet die Autoren des vorliegenden Bandes mit den Lesern. Die Metapher aufgreifend, hat Albert Camus in der ‚Mythos des Sisyphos' seiner existenzialistischen Philosophie letztlich eine tröstliche Wendung gegeben:

---

[1] Der vorliegende Beitrag beruht auf Überlegungen des Autors in diesem Sammelband (Elbe 2012).

„Darin besteht die ganze verschwiegene Freude des *Sisyphos*. Sein Schicksal gehört ihm. Sein Fels ist seine Sache. […] Der absurde Mensch sagt Ja, und seine Mühsal hat kein Ende mehr" (Camus 1997, S. 127). Und genau daraus erwächst dann die Sinnhaftigkeit des Tuns: Es ist ein Tun um seiner selbst willen. „Wir müssen uns *Sisyphos* als einen glücklichen Menschen vorstellen" (Camus 1997, S. 128).

Camus ist damit seiner Zeit weit voraus, denn er erkennt bereits in der Mitte des 20. Jahrhunderts, dass die Moderne vorbei ist und die kommende Postmoderne keine ernsthaften Interpretationsangebote wird machen können, solange sie (wie verbrämt auch immer) letztlich doch einer Vorstellung der vollständigen Beherrschbarkeit augenblicklicher und zukünftiger Probleme anhängt. Diese Vorstellung ist eine Täuschung (wie die Täuschung des Sisyphos, dass der Stein auf dem Gipfel liegen bleiben könnte), die zwangsläufig eine *Ent*-Täuschung nach sich zieht (dass der Stein doch wieder herunterrollt). Bestenfalls erkennt der so Getäuschte im Zuge der Enttäuschung, dass die Lösung seiner Aufgabe Konsequenzen hat, die sich seiner Kontrolle entziehen, dass er aber doch zum Handeln verdammt ist, und nimmt die Absurdität an, indem er sie verachtet. Dadurch erspart er sich zumindest die Enttäuschung und gewinnt das Glück. Im schlechteren Fall verweigert er sich der Erkenntnis, die Situation nicht vollständig beherrschen zu können, und bleibt dadurch der andauernden Enttäuschung ausgesetzt – eben dies ist ja die eigentliche Strafe des mythischen Sisyphos. Dieser ist dem Arbeitnehmer zu vergleichen: „Heutzutage arbeitet der Werktätige sein Leben lang unter den gleichen Bedingungen, und sein Schicksal ist genauso absurd. Tragisch ist es aber nur in den wenigen Augenblicken, in denen der Arbeiter bewusst wird" (Camus 1997, S. 126). Doch wie der mythische Sisyphos bleibt der Arbeitnehmer im Tag-täglichen ohnmächtig, in den Regeln des Arbeitsalltags gefangen.

An dieser Stelle setzt das Projekt *„Management von Ungewissheit"* (Böhle und Busch 2012) an: Anders als in den Ansätzen zur Postmoderne (vgl. Vester 1993) oder zur ‚Reflexiven Modernisierung' (vgl. Beck 1986; Bonß 1995; Beck und Bonß 2001) stellt das Management von Ungewissheit der Unsicherheitsreduktion durch Risikobeherrschung die Ohnmachtsvermeidung durch Ressourcenorientierung zur Seite und ersetzt das Paradigma der *Beherrschung* durch die Vorstellung der *Bewältigung* zukünftiger Herausforderungen. Hierfür bedarf es der Gewinnung neuer Ressourcen – diese zu entdecken und der Ohnmacht des Tag-täglichen entgegenzustellen, ist eine der zentralen Herausforderungen an die Führung in der Zukunft. Dies soll im Folgenden eingehender erläutert werden, wobei in einem ersten Schritt Führung als Institution (und in Abgrenzung zu Herrschaft) vorgestellt und anschließend in der Institutionalisierung des Managements die Entwicklung der jüngsten Vergangenheit nachgezeichnet wird. Im zweiten Schritt wird Führung als Sprachspiel konzipiert, in dem Ungewissheit selbst zur Ressource wird. Die Überlegungen zur Praxisrelevanz thematisieren aktuelle Entwicklungen und welche Ressourcen diesbezüglich aktiviert werden können. Die Argumentation in diesem Aufsatz wird durch 10 Thesen zugespitzt und abschließend im Ausblick verdichtet.

These 1: Führung ist eine Zumutung

Die Idee von *Führung* selbst ist bereits eine Zumutung, eine Zumutung der Geführten an die Führende oder den Führenden. Wenn wir von Führung sprechen, dann meinen wir nicht bloß die Ausübung von Macht in sozialen Beziehungen. Diese ist (wie wir spätestens seit Max Weber wissen) jeder sozialen Beziehung zu eigen und bleibt damit amorph: „Macht bedeutet jede Chance, innerhalb einer sozialen Beziehung den eigenen Willen auch gegen Widerstreben durchzusetzen, egal worauf diese Chance beruht" (Weber 1980, S. 28). Anders als Macht ist Führung aber nicht amorph, sondern hier besteht die Chance auf Willensdurchsetzung grundlegend auf Einverständnis und mehr noch: auf der Erwartungshaltung der Geführten, eine Interpretationsleistung geboten zu bekommen, Sinnvermittlung zu erfahren und damit von der Ohnmacht, ggf. auch von der Verantwortung befreit zu werden, also Unsicherheitsabsorption zu erfahren (Luhmann 2000, S. 218). Führung ist somit nicht nur Chance auf Willensdurchsetzung, sondern vielmehr noch die *Verpflichtung zur Willensdurchsetzung*. Deswegen ist auch das ‚Laissez-faire' nicht nur das Gegenteil von Führung, sondern geradezu die Enttäuschung von Führungserwartungen und erzeugt selbst Ohnmacht und Wut (vgl. hierzu die klassische Studie von Lewin et al. 1970). Führung wird damit zu einer spezifizierten Form von Machtbeziehung, die durch einen bestimmten Typ der Institutionalisierung gekennzeichnet ist und sich vom generellen Begriff der Herrschaft unterscheiden lässt. Dass diese Unterscheidung dringend notwendig ist, merkte für die Sozial- und Organisationspsychologie bereits Pfeffer (1977) an. In der Soziologie

© Springer Fachmedien Wiesbaden 2015
M. Elbe, *Führung unter Ungewissheit,* essentials,
DOI 10.1007/978-3-658-07780-8_2

wurde das Thema der Führung erst in den letzten Jahren aufgegriffen (Pongratz 2003; Pohlmann 2007) – hier besteht noch deutlicher Forschungsbedarf.

Nach Weber (1980, S. 28) ist *Herrschaft* durch die Chance geprägt, für einen bestimmten Befehl bei bestimmten Personen Gehorsam zu finden. Hier liegt eine formell geregelte Unterordnungsbeziehung vor, die dadurch bestimmt wird, dass „[...] Erfolg und die Stabilität von Herrschaftsbeziehungen auf allgemeine und sanktionsgestützte Regeln [...]" (Maurer 2004, S. 26) zurückgeführt werden. Zentraler Aspekt dieser Form der Unterordnungsbeziehung ist Verbindlichkeit, einerseits durch Zwangsandrohung (Sanktionen) und andererseits aufgrund von Dauerhaftigkeit (Stabilität). Die Frage nach der Stabilität verknüpft Weber (1980, S. 122 ff.) mit dem Glauben an die Legitimität einer Herrschaftsbeziehung. Dies unterscheidet Herrschaft von Führung, die letztlich von ‚oktroyierten Zielen' (Visionen) und deren Interpretation (Sinngebung) lebt (Weber 1980, S. 179). Während Herrschaft als institutionalisierte Form der Machtausübung in sozialen Beziehungen mit dem Zweck der Herstellung und Aufrechterhaltung von Ordnung gekennzeichnet werden kann, ist Führung ein funktionales Äquivalent hierzu, das sich nicht an Ordnung orientiert, sondern an Sinngebung.

Stabile Herrschaftssysteme müssen sich nicht durch Visionen bewähren, sie wirken durch den Glauben an die *Legitimität der Ordnung* an sich handlungsleitend und lassen sich deshalb in Regelungen fassen. Dies gilt in besonderem Maß für rational legitimierte Formen der bürokratischen Herrschaft, die durch diese Regeln, z. B. formelle Gesetze oder andere Formen gesatzter Regeln, wie im Qualitätsmanagement oder im Rahmen der Einführung und Aufrechterhaltung einer Balanced Scorecard, bestimmte Handlungen auslösen. Durch das Versprechen, Sicherheit herzustellen, z. B. in Form von Prozesssicherheit beim Qualitätsmanagement oder durch Berücksichtigung unterschiedlicher Perspektiven in der Balanced Scorecard, wird die Ordnung aufrechterhalten und der Glaube an die Legitimität dieser Ordnung (hier also des Managementsystems in einer Organisation) bedient.

Führung hingegen ist gekennzeichnet durch die personalisierte Erfüllung der Zumutung, Visionen vermittelt und Ziele gesetzt zu bekommen und dadurch Sinnvermittlung zu erfahren. Dies kann auch im Rahmen bestehender Herrschaftssysteme geschehen, und zwar immer dann, wenn Menschen, die Herrschaftspositionen innehaben, sich nicht auf regelkonforme Machtausübung beschränken, sondern darüber hinaus (besser gesagt: stattdessen) dem nachgeordneten Bereich Interpretationsangebote machen und Ziele formulieren, die das alltägliche Tun sinnvoll erscheinen lassen. Hieraus entstehen Verflechtungen zwischen Vorgesetzten und Untergebenen hinsichtlich formeller und informeller Abhängigkeiten, die insbesondere in der Funktion des Zwischenvorgesetzten zum Tragen kommen (Luhmann 1964, S. 206 ff.). Die Führungsleistung von (Zwischen-)Vorgesetzten wird ermöglicht durch persönliche Loyalität der Geführten dem Vorgesetzten gegenüber und diese Loyalität wird nicht durch die formell hierarchische Beziehung erzeugt, sondern dadurch, dass der Vorgesetzte den Untergebenen regelwidrig Freiräume einräumt. Dies wird durch die exklusive Kommunikationshoheit des Vorgesetzten ermöglicht, nur er kommuniziert sowohl mit seinen nachgeordneten Mitarbeitern wie auch mit der ihm selbst vorgesetzten nächsthöheren Hierarchieebene. Durch diese selektive Kommunikationsmacht kann der Zwischenvorgesetzte sich einen Informationsvorteil verschaffen und diesen nutzen, um einerseits eben seinen Mitarbeitern Freiräume zu gewähren und diese in ihrem Regelbruch zu decken. Andererseits kann er Loyalität erwarten, da die Mitarbeiter nun in seiner Schuld stehen. Hierdurch wird sowohl Kreativität erzeugt als auch Leistungsbereitschaft freigesetzt, die das regelmäßig Geforderte überschreitet (Marr und Elbe 2001, S. 380). Vorgesetzter und Mitarbeiter werden dadurch zu Komplizen, die (wenn auch nicht offen) gegen das Herrschaftssystem rebellieren. Dauerhaft trägt dieses Konstrukt allerdings nur, wenn es allen Beteiligten sinnvoll erscheint, wenn also der Zwischenvorgesetzte, der so zur Führungskraft geworden ist, ein langfristiges Sinnangebot machen kann und nicht durch Vorgesetzte höherer Ebenen des Führungspotenzials beraubt wird, indem diese selbst die Führungsleistung erbringen.

Solche Sinnangebote können natürlich auch durch Personen erfolgen, die keine Herrschaftspositionen innehaben, aber Teil des Systems sind (informelle Führung) oder die nicht Teil des bestehenden Herrschaftssystems sind und diesem ablehnend gegenüberstehen (Revolte). Letztlich entstehen Führungsleistungen immer in Konkurrenz zu Herrschaft. Herrschaft bedarf der Regeln, Führung der Personifizierung. Herrschaft bedarf der Ordnung, Führung der Rebellion. Herrschaft erzeugt Ohnmacht, Führung verspricht die Gewinnung neuer Handlungsoptionen, das eigene Schicksal selbst mitgestalten zu können – wenn man dem Führungsversprechen, der Vision folgt. Führung muss sich also bewähren (auch das unterscheidet sie – zumindest kurzfristig – von Herrschaft) und erzeugt Erfolgsdruck.

These 2: Führung erhebt einen Totalitätsanspruch, ist aber fragil

Sowohl Führung als auch Herrschaft sind Formen der institutionalisierten Machtausübung in sozialen Systemen (Unternehmen, Verwaltungen, Vereinen), die sich zueinander funktional äquivalent verhalten – oder, wie Luhmann (1964, S. 207) formuliert: „Führung ist also ein funktionales Äquivalent zur Institutionalisierung von Normen." Während aber andere Institutionen soziales Handeln durch Normen und Regeln binden, die persönliche Aushandlungsprozesse reduzieren, ist dies bei der Führung anders: Führung bedarf der persönlichen Interaktion. Führung wird nur so lange von den Geführten akzeptiert, wie sie ihre Koordinationsfunktion erfüllt – sie ist somit fragil und verliert ihre Akzeptanz, wenn die Geführten den Glauben an die hierbei vermittelte Vision und den Erfolg verlieren. Das unterscheidet fragile von stabilen Institutionen (Elbe 2002). Führung ist aber nicht nur bloßes funktionales Äquivalent, sondern selbst eine Institution, da der Führungsvorgang in einer freiwilligen Gefolgschaft (im Unterschied zur Herrschaft) habitualisiert wird. Darüber hinaus erhebt Führung einen *Totalitätsanspruch* und tendiert dazu, Rollengrenzen zu überschreiten. Anders verhält es sich z. B. mit Verträgen; diese regeln Handeln in Lebensausschnitten durch die Vereinbarung von Regeln und bestimmen damit nur eine Rolle neben vielen (eben als Vertragspartner). Sie bedürfen nicht des Glaubens, da die Rechte und Pflichten der Akteure explizit festgelegt sind. Organisationen wiederum sind zwar in ihrer Existenz deutlich stabiler als Führung, aber auch sie fordern nur (ein meist vertraglich festgelegtes) partielles Rollenverhalten, z. B. als Mitarbeiter oder als Kunde.

Institutionen lassen sich also in einer Matrix aus Reichweite und (Dauer der) Existenz verorten, in der Führung als fragil-totale Institution erscheint (Abb. 2.1, in Anlehnung an Elbe 2000, S. 60).

Herrschaft kann durch alle vier Institutionentypen, die hier aufgeführt wurden, begründet werden, allein die Führung ist aber davon gekennzeichnet, dass sie personalisiert und umfassend, dabei aber fragil und innovationsorientiert ist. Vor diesem Hintergrund wird eine Entwicklung verständlich, die in den letzten Jahrzehnten Unsicherheit durch zunehmend entpersonalisierte Führungssysteme zu beherrschen sucht. Das betriebliche Institutionensystem erfährt eine Verschiebung von Führung hin zu Organisation oder, wie John Kotter es kritisch formulierte: Die Unternehmen sind ‚*overmanaged but underled*' (Kotter 1996). Wie es dazu kam, soll im Folgenden erläutert werden.

Reichweite \ Existenz	Fragil	Stabil
Total	Führung	Religion
Partiell	Vertrag	Organisation

Abb. 2.1 Führung im institutionellen Kontext

These 3: Management verdrängt Führung

Mit Lean Management, Business Reengineering, Qualitätsmanagement, Shareholder Value und zuletzt der Balanced Scorecard wurden in den letzten vierzig Jahren nicht nur wechselnde Managementmoden (Kieser 1996) bedient, vielmehr sind dies Bausteine in einer Entwicklung, die eine Formalisierung der Steuerungsfunktion in Organisationen zum Ziel hat (Marr und Elbe 2001). Im Zuge dieser Entwicklung wurden:

- Hierarchiestufen abgebaut (Lean Management), was höhere Kontrollspannen und reduzierte Möglichkeiten des Einwirkens durch direkte Führung bewirkte,
- dementsprechend personengebundene Weisung durch gestraffte Prozesse (Business Reengineering) und normierte Verfahrensanweisungen (Qualitätsmanagement) ersetzt,
- Interessenpluralität in Unternehmen einer zunehmenden Orientierung am Shareholder Value untergeordnet und
- schließlich die so entpersonalisierten Steuerungssysteme einer programmierten Kontrolle zugänglich gemacht (Balanced Scorecard).

All diese Ansätze sollten den Unternehmen dazu dienen, Unsicherheiten zu reduzieren und Risiken zu beherrschen. Speziell die durch die Balanced Scorecard (Kaplan und Norton 1997) angestrebte Substitution personeller Führung durch rationalistisch-abgestimmte Kennzahlensysteme führt zu einer Aufwertung und Automatisierung betrieblicher Kontrollsysteme, die personalisierte Führung ersetzen sollen. Die Personenhierarchie wurde durch eine Programmhierarchie abgelöst, die eine Koppelung zwischen tatsächlich stattfindender Führungsleistung und hierarchischer Position zunehmend erschwerte, da sich der Zwischenvorgesetzte nun nicht mehr seines Informationsvorteils durch die Trennung kommunikativer Kreise bedienen konnte. Das hieraus entstehende Problem liegt in der Loslösung der Führungsleistung (Leadership) von organisatorischen Herrschaftsprozessen (Management) und dem daraus resultierenden Verlust an Kreativitäts- und Innovationspotenzialen. Management selbst wurde zum dominanten Steuerungsprinzip und somit zum funktionalen Äquivalent für Führung. Die Veränderungen hin zum ‚Institution of Management' zeigt Abb. 2.2 (in Anlehnung an Marr und Elbe 2001, S. 379).

Während in traditionellen Managementsystemen der Autorisation die unterschiedlichen Motive und Handlungszwecke der Akteure durch den Vorgesetzten

Entwicklung / Herrschaft	Autorisation	Institution of Management
Form	ermächtigt-persönlich	institutionell-unpersönlich
Ausübung	*Manager* ⟶	*Institution*
Bereich	segmentiert-reduziert auf Arbeitsbeziehung	segmentiert-reduziert auf Institute
Beteiligung	Tarif-Partner	selektiv-individuell
Mechanismus	Bildung und Ermächtigung	partielle Anerkennung des Institutes
Legitimierung	Verträge bei relativer Ausgewogenheit	individuelle und befristete Verträge

Abb. 2.2 Wandel der Herrschaftsform im ‚Institution of Management'

aufgrund der persönlichen Führungssituation in einem moderierten Aushandlungsprozess gebündelt wurden, was für den Zwischenvorgesetzten sowohl Dilemma als auch Machtquelle bedeutete, wird dies im Institution of Management durch Kennzahlenerfüllung (z. B. in der persönlichen Balanced Scorecard) ersetzt. Der Interessenpluralismus personaler Herrschaft, den Führung ermöglichte, wird durch Interessenmonismus der Institution abgelöst, wodurch die unmittelbare, aus dem Shareholder Value abgeleitete, Zweckorientierung garantiert wird (Marr und Elbe 2001). Die Handlungsoptionen der Organisationsmitglieder werden in einem System institutionalisierter Herrschaft durch die Reduktion von Aushandlungsprozessen deutlich eingeengt. Letztlich entscheidet die Erfüllung der in der persönlichen Scorecard gesetzten Ziele über die Normenkonformität des Handelns der Organisationsmitglieder, Kreativität und Innovation haben hier keinen Platz (auch nicht in Innovation Scorecards, die nur Entwicklungsprozesse verwalten helfen). Für Mitarbeiter und Vorgesetzte bedeutet dies, dass die Effizienzsteigerung in den Vordergrund tritt, die Frage nach der Effektivität aber zunehmend der Beurteilung entzogen ist. Durch den Verlust von Handlungsoptionen bei gleichzeitiger Steigerung der Arbeitsintensität und der Kontrolle steigt das Gefühl der Ohnmacht und der Vereinzelung der Mitarbeiter oder, wie Ortmann es formulierte: „Organisation ist ein Deckel auf die Kreativität ihrer Mitglieder" (Ortmann 1992, S. 16).

Die Begrenzung von Innovationsfreudigkeit und Kreativität wird durch den Wandel der individuellen Arbeitsbeziehungen noch verstärkt: Sowohl die formellen als auch die informellen Vertragsbestandteile, die die Mitgliedschaft in Unternehmen regeln, sind deutlichen Veränderungen unterworfen. In dem Maß, in dem die Steuerungssysteme in der Institution of Management formalisiert wurden, wurde die vertragliche Bindung der Mitarbeiter an die Unternehmen durch die Arbeitgeberseite flexibilisiert. Damit stieg für die Mitarbeiter die Ungewissheit hinsichtlich der eigenen wirtschaftlichen und sozialen Position. Die Mitarbeiter passten dementsprechend auch ihr eigenes Verhalten, ihre Loyalitätsbereitschaft und insbesondere ihre Bereitschaft, sich für Veränderungen einzusetzen an – vgl. hierzu den Ansatz zur Employography (Elbe 2011). Auf Manager bezogen hat dies Luhmann folgendermaßen formuliert: „Gesehen unter dem Gesichtspunkt von Unsicherheitsabsorption und auch unter dem Gesichtspunkt von Manager-Karrieren muss Innovation als ein ziemlich törichtes Verhalten beurteilt werden [...]" (Luhmann 2000, S. 218 f.). Für die Führung rückt somit das Problem der Ungewissheit wieder in den Vordergrund.

These 4: Managementsysteme reduzieren Unsicherheit – und Innovation

Beschrieben wurde bisher ein Prozess, der sowohl die Moderne als auch die Postmoderne und die reflexive Moderne betrifft: die zunehmende *Beherrschung* von Unsicherheit und Risiko als Ziel der Rationalisierung. Technisch-administrative Rationalisierung ist dabei nur *ein* Ausdruck der Rationalisierungstendenz, die alle Phasen der Moderne bis heute betrifft und die Max Weber grundsätzlich in drei Bereichen des Sozialen verortete: Rationalisierung der Weltbilder, Rationalisierung der Institutionen und Rationalisierung der Lebensführung (Weber 1992a, b; vgl. hierzu den Zusammenhang zwischen Herrschaft und Rationalisierung bei Maurer 2004). Alle drei Formen der Rationalisierung dienen dazu, die physische und soziale Welt verständlicher und handhabbarer zu machen, wobei der zentrale Mechanismus der Handhabung die Beherrschung (also die traditionelle Auffassung der Aufgabe des Managements im Sinne von Planung, Steuerung und Kontrolle) ist. In dieser Konzeption wird die Unsicherheit als handlungslähmend empfunden, Unsicherheit gilt es also zu reduzieren (z. B. durch die Institutionalisierung von Normen) und wenn möglich anhand der Eintrittswahrscheinlichkeit und der Relevanz der Konsequenzen in ein kalkulierbares Risiko zu überführen. Diese Managementkonzeption ist durchaus vernünftig, werden dadurch doch Handlungsoptionen aufgezeigt und Irrationalitäten reduziert, allerdings um den Preis, sich auf die festgelegten Regeln verlassen zu müssen. Dies hat aber zwei zentrale Konsequenzen:

- Wie soll man sich verhalten, wenn die Regeln versagen, wenn Situationen eintreten, für die es keine geplanten Handlungsabfolgen oder Verfahrensanweisungen gibt? Wenn Flexibilität nicht Teil des bisherigen Managementsystems ist, dann kann sie hier auch nicht gezeigt werden.
- Regeln wirken nur dann unsicherheitsreduzierend, wenn ihre Anwendung auch sichergestellt ist (z. B. mittels Kontrollen und Sanktionen). Dies bedeutet aber auch, dass Handlungsalternativen eben nur sehr begrenzt zugelassen sind, Innovationen zuerst einmal als Regelverstöße gewertet und gemieden werden.

Der Versuch der Beherrschung von Unsicherheit hat somit zwar den Vorteil, rationale Handlungskonzepte anzubieten, zugleich aber den Nachteil, grundsätzlich nicht innovationsförderlich zu sein und im Falle des Versagens (z. B. von Strategien oder Sicherheitskonzepten) keine Handlungsoptionen sowie entsprechende Ressourcen bereitstellen zu können. Durch die Institution of Management, wie sie oben geschildert wurde, erlangt dieses Problem zunehmend Bedeutung für alle Organisationen.

Die beschriebene Entwicklung findet ihren Ausgangspunkt in den privatwirtschaftlichen Unternehmen, die damit den Shareholder Value stärken, beeinflusst aber ebenso die Organisationen des staatlichen sowie des dritten Sektors (Elbe 2007). Die nicht-privatwirtschaftlichen Organisationen sehen sich einem zunehmenden Druck ökonomischer Legitimierung ausgesetzt, den sie durch die Übernahme von privatwirtschaftlichen Steuerungssystemen, z. B. der Balanced Scorecard, gerecht zu werden suchen (vgl. hierzu den neoinstitutionalistischen Ansatz zum organisationalen Isomorphismus nach DiMaggio und Powell 1983). Dabei darf aber nicht vergessen werden, dass Organisationen des ersten und dritten Sektors in Differenz zu privatwirtschaftlichen Organisationen entworfen wurden und eben nicht marktwirtschaftlichen Prinzipien gehorchen, sondern das Versagen des Marktes in spezifischen Ausschnitten gesellschaftlichen Handelns kompensieren sollen. Ihr Erfolg und ihre Effizienz sind an anderen Kriterien als denen des Marktes zu messen, was nicht bedeutet, dass nicht auch sie grundlegenden Anforderungen an den Umgang mit ökonomischen Ressourcen zu genügen haben.

Es gilt für alle Organisationen: Die Institution of Management ist zum zentralen Mechanismus zur Vermeidung und Beherrschung von Unsicherheit geworden und damit treten die bereits beschriebenen Führungsprobleme (overmanaged but underled) in Organisationen aller Sektoren auf, wenn auch in unterschiedlicher Intensität.

These 5: Management von Ungewissheit bedeutet Führung wieder zuzulassen

Diesem Problem stellt sich der Ansatz des „Managements von Ungewissheit" (Böhle und Busch 2012; Vorarbeiten für einen solchen Ansatz finden sich im Sammelband Jeschke et al. 2011 sowie bei Neuhaus 2006 und Groß 2002). Schon in der Begriffswahl wird angedeutet, dass von der negativen Konnotation fehlender Sicherheit (wie im Begriff der Unsicherheit) Abstand genommen wird: Die Zukunft ist nicht primär unsicher, sie ist zuerst einmal ungewiss – während wir im Heute handeln, wissen wir nicht, was die Zukunft bringt. Hier taucht die Frage nach dem Nicht-Wissen auf, die aus Sicht der Theorie der ‚Reflexiven Moderne' nicht beantwortet wird (Beck 1996). Denn was Nicht-Wissen (Ungewissheit) von Wissen (Gewissheit) trennt, ist die Wahl eines Rahmens, eines Weltbildes, das selbst unhinterfragt bleibt (Wittgenstein 1984). Eben dieser Rahmen findet sich in der Rationalisierungsvorstellung, die die Moderne bis hin zur ‚Reflexiven Moderne' prägt: Unser Wissen ist geprägt von der Beherrschung der Unsicherheit und das erscheint dem Management zugänglich. Nicht zugänglich aber ist das Nicht-Wissen, die Ungewissheit: Es scheint so, als ließe es sich nicht managen, da es nicht beherrscht werden kann. Dem Weltbild der Unsicherheitsbeherrschung bleibt die Ungewissheit ein blinder Fleck und das Unkalkulierbare, das Regelwidrige wird ohnmächtig bestaunt.

Es ist aber genau das amorphe Nicht-Wissen, das die Zukunft offen erscheinen lässt, voller Unsicherheiten und Gefahren, aber ebenso voller Chancen und Optionen. Ein Management von Ungewissheit sollte für beide Varianten offen sein und Ressourcen bereitstellen. Diese Ressourcen finden sich in personalisierten Führungsprozessen und nicht in der Institution of Management. Management von Ungewissheit fordert dabei keinen Perspektiven*wechsel*, sondern eine Perspektiven*ergänzung*. Es geht nicht darum, organisationale Herrschaftssysteme und ihre unsicherheitsreduzierende Funktion zu negieren, sondern die lähmenden Faktoren zu reduzieren, Zukunftsangst abzulegen und Handlungsfähigkeit zu gewinnen, letztlich also die Ohnmacht zu besiegen, die schon dem klassischen Sisyphos anhaftete. Die Funktion der institutionellen Ausgestaltung sozialer Differenzierung durch Organisationen soll nicht in Zweifel gezogen werden und es geht auch nicht um Substitution organisationaler Regeln, sondern um deren Ergänzung und in diesem Sinn hat Becker recht, wenn er schreibt: „Man weiß inzwischen, worauf das Experiment hinausläuft, nämlich auf die Wiedereinführung genau jener Ungewissheit in die Organisation, auf deren Absorption die Funktionsfähigkeit der Organisation bisher angewiesen war" (Becker 1999, S. 15).

Beschreibung des Führungsansatzes 3

These 6: Führung kompensiert Organisationsversagen

Aus der Perspektive des Managements von Ungewissheit erhält Führung somit eine spezifische Funktion: Führung kompensiert Organisationsversagen. Dies ist aber nur möglich, wenn die Fassade eines funktionierenden Regelsystems aufrechterhalten wird. Organisationale Strukturen und Hierarchien, Arbeitsteilung und geregelte Prozesse, Entscheidungs- und Weisungsbefugnisse bedürfen eines grundsätzlichen, von den Beteiligten geteilten Glaubens an ihre Gültigkeit, um die Organisation als Institution wirken zu lassen. Nur so kann der Glaube aufrechterhalten werden, Unsicherheit zu beherrschen und rational zu handeln. Dies ist die Perspektive des Managements, hierdurch wird Komplexität reduziert und Unsicherheit beherrschbar gemacht. Zugleich bleibt dies Fassade und alle wissen, dass es eine Fassade ist. Neben den formellen Aspekten bedürfen soziale Systeme stets auch der informellen Aspekte, des Wissens darum, wie weit formelle Regeln übertreten werden dürfen, ohne den Kern der Institution ‚Organisation‘ zu verletzen und damit die eigene Mitgliedschaft in der Organisation in Frage zu stellen. Eben daraus gewinnt das System zusätzliche Handlungsoptionen: durch die Verfolgung partikulärer Interessen (bis zu einem gewissen Grad), durch die Negierung von Herrschaftsattitüden mittels Klatsch oder vorgetäuschtem Gehorchen (bis zu einem gewissen Grad), durch informelle Aushandlungsprozesse und Absprachen (bis zu einem bestimmten Grad). All diese Aspekte erfüllen wichtige Funktionen, da sie einerseits dem Individuum mit seinen vielfältigen Bedürfnissen Raum für die eigene Entfaltung geben, andererseits aber gleichzeitig Handlungs-

© Springer Fachmedien Wiesbaden 2015
M. Elbe, *Führung unter Ungewissheit,* essentials,
DOI 10.1007/978-3-658-07780-8_3

15

alternativen austesten, die ggf. zu neuen, besseren Regelungen führen können. Doch auch diese Prozesse bedürfen der Koordination und diese Koordinationsleistung erfüllt Führung.

These 7: Führung ist ein Spiel

Führung ist immer informell, selbst wenn sie an eine Herrschaftsbeziehung angelagert ist, da sie nicht durch die hierarchische Überordnungsbeziehung erzeugt wird, sondern durch die Zumutung der Geführten an den Führenden, alternative Sinnangebote zu machen. Führung ist damit ein Spiel: das Spiel die informellen Beziehungen zu koordinieren, um Handlungsoptionen für die verbleibende Ungewissheit zu gewinnen. Ein Spiel deshalb, weil dabei so getan werden muss, als hätte Führung in der rational geregelten Organisation keine Bedeutung. Es treffen dabei zwei Weltbilder aufeinander: das Weltbild der Rationalisierung, das sich in der Organisation und ihren Regeln ausdrückt, und das Weltbild der individuellen Führungsleistungen. Für beide Weltbilder gilt: „Die Sätze, die dies Weltbild beschreiben, könnten zu einer Art Mythologie gehören. Und ihre Rolle ist ähnlich der von Spielregeln, und das Spiel kann man auch rein praktisch, ohne ausgesprochene Regeln, lernen" (Wittgenstein 1984, S. 139).

Führung als Spiel referiert zum einen auf den institutionellen Rahmen der Organisation, zum anderen hat Führung eigene Regeln, die beim Spiel zu beachten sind:

1. Führung ist eine Zumutung der Geführten an den Führenden, es entsteht ein Anspruch der Geführten, Führungsleistungen zu erhalten;
2. Führung muss Ziele (Visionen) aufzeigen und somit ein Erfolgsversprechen für die Zukunft abgeben;
3. Führung muss sich bewähren, also nachweisen, dass sie geeignet ist, Ungewissheit zu bewältigen und Handlungsoptionen über das formell geregelte Maß hinaus zu erzeugen.

Diese Anforderungen drücken sich im alltäglichen Führungsspiel aus, das als Kommunikation stattfindet, letztlich also ein *Sprachspiel* ist. „Das Wort »Sprachspiel« soll hier hervorheben, dass das Sprechen der Sprache ein Teil ist einer Tätigkeit, oder einer Lebensform" (Wittgenstein 1997, S. 250). Sprachspiele kennzeichnen Ausschnitte unserer Lebenswelt, sie stellen damit eine Lebensform dar, die von den Realitäten des Alltags geprägt sind und an denen wir uns beteiligen. Eben das bestimmt den Alltag von „Führen und geführt werden" bis hin zu „Führen und führen lassen" (Neuberger 2002): das ständige Ringen um das rechte Maß der Führung. Hierbei gilt es, zum einen die Mitspieler zu aktivieren, also Macht auszuüben, und zum anderen diese Machtausübung so zu begrenzen, dass sie eben nicht Ohnmacht bei den Mitspielern erzeugt. Über Führung kann man lesen, man kann an Führungstrainings teilnehmen – Führung erfahren und selbst führen kann man aber nur im Alltag. Das Sprachspiel der Führung wird dadurch erlernt, dass man es spielt, dass man selbst Führung erfährt und sich im Führen ausprobiert. Und eben dieses ‚Ausprobieren' kennzeichnet das Spielerische: Während Herrschaft explizit ist, bleibt Führung implizit. Die Regeln sind vorhanden, aber sie werden nicht ausgesprochen. Man muss sie durch Teilnahme erlernen und wenn man das Spiel gut spielt, also die Regeln geschickt anwendet und so interpretiert, dass man erfolgreich ist, dann hat man den ‚Witz' des Spiels verstanden. Das gilt für Führer und Geführte. Damit wird auch klar, dass erfolgreiche Führung nicht auf Persönlichkeitseigenschaften gründet, sondern auf erfolgreichem sozialen Handeln, auf einem virtuosen *Führungsspiel* (vgl. hierzu in praktischer Anwendung im Sport das gleichnamige Buch von Peters et al. 2008).

Das Sprachspiel der Führung unterscheidet zwischen Unternehmens- und Personalführung, differenziert hierbei aber nicht zwischen Herrschaft und Führung – es wird einfach gehandelt, gespielt. Aus sozialpsychologischer Sicht beschäftigt sich Führung mit der zielgerichteten Beeinflussung von Menschen, es werden aber auch Systeme geführt und hier taucht die Frage auf: Gilt für die *oberste Leitung* (einer Organisation, eines Staates) dasselbe wie für den Zwischenvorgesetzten? Schon Weber stellte hierzu fest, dass die Leitung rationaler Herrschaftssysteme (Bürokratie) anderen Regeln unterliegt als die Bürokratie selbst (Weber 1980, S. 126, 554 f.). Luhmann führt dies weiter aus: „Man könnte postulieren, dass für die Führung nicht gilt, was für die anderen gilt: dass ein entweder nicht gesehenes oder für unwahrscheinlich gehaltenes Risiko im Falle des Schadenseintritts die Entscheidung diskreditiert. Selbst wenn man bei rückblickender Analyse Verständnis für die damalige Entscheidung aufbringen kann: die Führung haftet auch und gerade für Unschuld. Es geht hier nicht um Gerechtigkeit, sondern um Erfolg" (Luhmann 2003, S. 212). Hieraus lässt sich zweierlei ableiten: Zum einen unterliegt die Leitung eines rationalen Herrschaftssystems in der Legitimierung ihrer Herrschaft anderen Anforderungen als der übrige Apparat und zum anderen ist im Herrschaftshandeln die Leitung ebenso auf Führung angewiesen, wie es die Zwischenvorgesetzten sind, da sie sich bewähren muss. Aus Perspektive der Führung bedeutet dies, dass das Führungsspiel auch auf oberster Ebene fortgesetzt wird – hier verstärkt es sich sogar, da nun der Gesamterfolg zu verantworten ist.

These 8: Im Führungsspiel wird Ungewissheit zur Ressource

Zentral für das Führungsspiel ist das alltägliche Tun. Warum sind die einen erfolgreichere Sprachspieler der Führung als andere? Während es Wittgenstein (1984, 1997) letztlich um die Entdeckung von Sprachspielen geht, rückt der Ansatz der Mikropolitik das interessengeleitete tägliche Tun in den Fokus (Neuberger 2002, S. 680 ff.) und gibt damit Auskunft über die Strategien im Führungsspiel. Mikropolitik meint den alltäglichen Einsatz von Macht in sozialen Beziehungen. Für die Führungsforschung sind dabei natürlich insbesondere soziale Beziehungen in Organisationen von Interesse. Besondere Bedeutung hat hierbei der Ansatz von Crozier und Friedberg (1979) erhalten, da auch diese mit einer Spielkonzeption arbeiten und auch bei ihnen das Spiel nicht als Metapher, sondern als tatsächliches Tun aufgefasst wird. Bereits weiter oben wurde angemerkt, dass Unsicherheitsabsorption Aufgabe der Herrschaft ist, wohingegen Führung Ungewissheit in der Organisation zu neuen Optionen und Handlungsalternativen bündelt. Im Ansatz von Crozier und Friedberg (1979, S. 13) wird Ungewissheit sogar zur grundlegenden Ressource jeder Verhandlungsbeziehung. Ungewissheit garantiert Freiräume für selbstbestimmtes Handeln und hieran haben die Akteure Interesse. Sie konkurrieren also um die Kontrolle über entsprechende Freiräume (das ist das Spiel) und hieraus lässt sich Macht ableiten. „Die Macht eines Individuums oder einer Gruppe, kurz eines sozialen Akteurs, ist so eine Funktion der Größe der Ungewissheitszone, die er durch sein Verhalten seinen Gegenspielern gegenüber kontrollieren kann" (Crozier und Friedberg 1979, S. 43). Die bei Weber als amorph eingeführte Macht wird hier zur konkretisierten Mikropolitik und steht grundsätzlich allen Akteuren zur Verfügung. Es kommt aber darauf an, die Relevanz der Ungewissheitszone in Bezug auf das betriebliche Handeln zu vermitteln, dadurch wird die Ungewissheit zur Ressource für den einzelnen Akteur und kann als Grundlage eines Führungsanspruchs in das Spiel eingebracht werden. Umgekehrt wird das Erkennen der Definitionsmacht von relevanten Ungewissheitszonen auch Grundlage der Zuerkennung von Führungsfähigkeit durch die Mitspieler und dann auch zur Zumutung, diese Fähigkeit im Sinne der Geführten zu nutzen – eben dies begrenzt dann wieder die Handlungsfreiheit des Führenden. Nur wenn er weiterhin fähig ist, Handlungsalternativen aufzuzeigen und die dauerhafte Kooperation im Sinn eines übergeordneten Ziels sicherzustellen, kann er die Ungewissheitszone des Führungsspiels als Ressource nutzen. Führung ist eben auch die Verpflichtung zur Willensdurchsetzung.

Die Ultima Ratio und damit das Ende der Ungewissheit bestehen in der Fähigkeit, das Spiel zu beenden. Ähnlich Luhmann (2003) unterscheiden auch Crozier und Friedberg (1979) in ihrem mikropolitischen Ansatz nicht zwischen Führung und Herrschaft, sondern weisen der Führung die besondere Verfügungsgewalt über die Definition von Spielregeln sowie die Fähigkeit zu, das Spiel zu beenden. Dies lässt sich freilich auch individuell für die anderen Mitglieder der Organisation (z. B. durch Kündigung) feststellen. Die Beendigung des Spiels, ob durch Kündigung oder durch Auflösung einer Organisation, erscheint allerdings nur dann als Option, wenn dies durch denjenigen, der diesen Spielzug vollzieht, aufgrund von Ressourcen, die außerhalb des Spielraums liegen, kompensiert werden kann, wenn der Spieler also andere Spieloptionen als die Mitgliedschaft in der Organisation hat.

Der hier vorgestellte Ansatz des Führungsspiels konzipiert Führung als Sprachspiel, als mikropolitisches Handeln in Organisationen, mit dem Ziel der Wiedereinführung von Ungewissheit in die Organisation und deren Nutzung als Ressource für die Beteiligten (Führer und Geführte), zur Erlangung von Handlungsoptionen, die durch Herrschaft und Organisationen nicht bereitgestellt werden können.

These 9: Nur durch Führung lassen sich Krisen bewältigen

Mit der Trennung von Führung und Herrschaft und der Konzeption des Führungsspiels können die negativen Folgen der Institution of Management kompensiert werden und das Management von Ungewissheit wird zu einer der wichtigsten Aufgaben zukünftigen Managements. Natürlich ist es eine Zumutung, Organisationen, deren Funktion es ja ist, durch Koordinationsregeln Unsicherheit zu absorbieren, die Zulassung von Führung und damit von Ungewissheitszonen abzuverlangen. Aber eben hierdurch wird die Flexibilität und Innovationsfreudigkeit erzeugt, derer es bedarf, um zukünftige Herausforderungen bewältigen zu können. Diese zeichnen sich im Zeitalter des ‚Lebens in der Ungewissheit' (Bauman 2007) bereits ab:

1. *Langfristige Entwicklungen*:
   Mit der zunehmenden Globalisierung werden wirtschaftliche und gesellschaftliche Asymmetrien immer deutlicher. Während beispielsweise in den Industrieländern die demographische Entwicklung zu einem deutlich reduzierten Arbeitskräftepotenzial führt, wächst die Weltbevölkerung weiter und viele Schwellenländer und Länder der sogenannten ‚dritten Welt' haben mit einem gewaltigen Überangebot insbesondere junger Arbeitssuchender zu kämpfen. Der Energie- und Rohstoffbedarf in den entwickelten Ländern wird weiterhin steigen, die zentralen Ressourcen liegen aber in anderen Ländern. Die nicht-intendierten Folgen des modernen Lebens- und Wirtschaftsstils treffen insbesondere die Länder, die nur zu einem geringen Maß hiervon profitieren. Diese beispielhaft aufgeführten *Asymmetrien* sorgen für zunehmende Dynamik, die

© Springer Fachmedien Wiesbaden 2015
M. Elbe, *Führung unter Ungewissheit,* essentials,
DOI 10.1007/978-3-658-07780-8_4

kaum als stabiles Wachstum erwartet werden darf, sondern vielfach Instabilität und wachsende Ungewissheit mit sich bringt.

2. *Akute Krisen*:

Die Folgen von eingetretenen Unsicherheiten, z. B. aufgrund terroristischer Bedrohungen (9/11 in den USA), aufgrund von Naturkatastrophen (Erdbeben und Tsunami in Japan), aufgrund wirtschaftlicher Krisen (2008 und in den Folgejahren), lassen sich mit Hilfe von institutionalisierten Sicherheitsregeln (,asymmetrische Kriegsführung' in Afghanistan; Notfallplänen für den GAU in Fukushima; Stabilitätspakt für den Euro) nur bedingt kompensieren. Handlungsfähigkeit in krisenhaften Situationen entsteht letztlich nicht aus der Abarbeitung von Regeln, sondern aus dem kreativen Umgang mit der Situation, aus der Akzeptanz von Ungewissheit und der Fähigkeit, trotz widriger Umstände Ressourcen zu aktivieren. Die *Realisierung des Unvorhersehbaren* ist die Krise, die sich nur bedingt durch institutionalisierte Planungs- und Kontrollsysteme beherrschen lässt. Das Problem ist nicht die zu erwartende, sondern die absurde Situation, das trotz aller Planung Eintretende – welche Handlungsoptionen und welche Ressourcen hat man dann?

Die Zukunft der Führung liegt nicht in der Abarbeitung bekannter Routinen, sondern in der Bereitstellung von Ressourcen für die Bewältigung dauerhafter Ungewissheit, die sich aus langfristigen Asymmetrien ergibt und in akuten Krisen äußert. Hierauf müssen sich die Organisationen (privatwirtschaftliche, staatliche wie auch des dritten Sektors) einstellen. Vorschläge zur Aktivierung von Ressourcen für ein Management von Ungewissheit finden sich insbesondere in Ansätzen zur organisationalen Resilienz und der Salutogenese von Organisationen.

These 10: Die Führung der Zukunft fördert Resilienz und Salutogenese

Als psychologisches Konstrukt beschreibt Resilienz die Fähigkeit, „[…] Krisen und Rückschläge unbeschadet zu überstehen und sogar gestärkt aus ihnen hervorzugehen" (Heller et al. 2012). Hierfür sind sieben Faktoren ausschlaggebend: Optimismus, Akzeptanz, Lösungsorientierung, Vermeiden einer Opferrolle, Übernahme von Verantwortung, Netzwerkorientierung und Zukunftsplanung (Scharnhorst 2008). Lösungsorientierung und Zukunftsplanung sind dem institutionalisierten Management zugänglich, die anderen Faktoren hingegen werden durch informelle Prozesse in Organisationen beeinflusst, die nicht durch Herrschaft, sondern durch das Führungsspiel gefördert werden können. Um die organisationale Resilienz zu stärken, die Handlungsfähigkeit in Krisen zu bewahren und aus ihnen zu lernen, ist es insbesondere notwendig, mehr Führung zuzulassen.

Zur langfristigen Bewältigung von Ungewissheit und den daraus erwachsenden Anforderungen bedarf es darüber hinaus aber einer grundlegenden Innovationsoffenheit. Grundlage einer solchen Orientierung ist die *Salutogenese*, also das positive, gesundheitsförderliche Empfinden, das sich in Kohärenz ausdrückt und messen lässt. Mit Kohärenz beschreibt Antonovsky (1997) eine globale Orientierung, die einem die Welt vertraut erscheinen lässt. Ausschlaggebend hierfür sind die drei Faktoren Verstehbarkeit (‚die Welt und meine Mitmenschen erscheinen mir erklärbar‘), Bedeutsamkeit (‚das, was ich erlebe und tue, ist relevant‘) und Handhabbarkeit (‚ich kann zukünftige Entwicklungen beeinflussen und habe hierfür Ressourcen zur Verfügung‘). Um dies zu realisieren, ist dem Institution of Management ein ‚verstehendes‘ Management von Ungewissheit zur Seite zu stellen, da sich nur durch die Förderung von Führung und die Aktivierung von Ressourcen, die nicht formellen Regelungsprozessen zugänglich sind, Innovationen und neue Handlungsoptionen realisieren lassen (Elbe 2011).

Ausblick 5

Wir müssen uns den Realitäten stellen: Die ‚flüchtige Moderne' Bauman (2008) mit all ihren Ungewissheiten führt zu einer kollektiven, sozialen Angst, zum Erleben der Gegenwart als unsicher und der Zukunft als risikobehaftet. Obwohl wir wissen, dass wir weder die Natur noch die Technologie, nicht das Soziale und nicht einmal uns selbst beherrschen können, versuchen wir dies krampfhaft und steuern so auf eine neue Form des Totalitarismus, den „securitanism" (Bauman 2008, S. 84) zu. Und je mehr wir versuchen, die Kontrolle zu erlangen, desto schmerzhafter, verstörender empfinden wir das Scheitern an der Unsicherheit. Eben das ist auch das Problem der Institution of Management. Im Versuch, Kontrolle durch Organisation zu erreichen, steigern wir letztlich die Ohnmacht und stärken die Neurosen, die die Organisationsgesellschaft seit 100 Jahren begleiten (vgl. hierzu bereits Briefs 1918). Sich von dieser Ohnmacht zu befreien und neue Handlungsoptionen im Management von Ungewissheit zu finden ist die Herausforderung an die Führung. Die in diesem Artikel aufgestellten 10 Thesen können hierzu als Leitfaden verstanden werden.

Auch der Sisyphos des Camus befreit sich von der Ohnmacht: In den Momenten, in denen er vom Berg herabsteigt, um von neuem den Stein wieder hinaufzuwälzen, und sich dessen auch noch bewusst ist, kann er nicht mehr enttäuscht werden, wenn er die Absurdität der Situation annimmt und verachtet. Eben das ist Rebellion: sich des Gefühls der Ohnmacht zu entledigen. Hier findet sich auch die Zumutung der Führung. Führung verlangt vom Führenden immer neue Interpretationsleistungen, Führung verlangt immer wieder, die Absurdität des Augenblicks durch Handeln zu überwinden und dies auch noch als zielführend und sinnbehaftet zu erklären. Führung ist die Rebellion gegen das fatale Sicherheitsbedürfnis der

© Springer Fachmedien Wiesbaden 2015
M. Elbe, *Führung unter Ungewissheit*, essentials,
DOI 10.1007/978-3-658-07780-8_5

Organisation, die sich in der Institution of Management ausdrückt. Die Zukunft der Führung ist eine Zumutung, insbesondere an die Führenden, denn sie verlangt von ihnen, den Geführten Sinnhaftigkeit des Handelns zu vermitteln. Das bedingt, die eigene Ohnmacht abzuschütteln, sich der Gefahr des Scheiterns zu stellen, und aus eben dieser Zumutung resultieren die eigentliche Legitimation von Führung und ihr Potenzial bei der Bewältigung der zukünftigen Herausforderungen.

Literatur

Antonovsky, A. (1997). *Salutogenese. Zur Entmystifizierung der Gesundheit.* Tübingen: dgvt.

Bauman, Z. (2008). *Flüchtige Zeiten. Leben in der Ungewissheit.* Hamburg: Hamburger Edition.

Beck, U. (1986). *Risikogesellschaft. Auf dem Weg in eine andere Moderne.* Frankfurt a. M.: Suhrkamp.

Beck, U. (1996). Wissen oder Nicht-Wissen? Zwei Perspektiven „reflexiver Modernisierung". In U. Beck, A. Giddens, & S. Lash (Hrsg.), *Reflexive Modernisierung. Eine Kontroverse* (S. 289–315). Frankfurt a. M.: Suhrkamp.

Beck, U., & Bonß, W. (Hrsg.). (2001). *Die Modernisierung der Moderne.* Frankfurt a. M.: Suhrkamp.

Becker, D. (1999). *Die Form des Unternehmens.* Frankfurt a. M.: Suhrkamp.

Böhle, F., & Busch, S. (Hrsg.). (2012). *Management von Ungewissheit. Neue Ansätze jenseits von Kontrolle und Ohnmacht.* Bielefeld: transcript.

Bonß, W. (1995). *Vom Risiko. Unsicherheit und Ungewissheit in der Moderne.* Hamburg: Hamburger Edition.

Briefs, G. (1918). *Über das Organisationsproblem.* Berlin: Germania.

Camus, A. (1997). *Der Mythos von Sisyphos. Ein Versuch über das Absurde.* Hamburg: Rowohlt.

Crozier, M., & Friedberg, E. (1979). *Die Zwänge kollektiven Handelns: über Macht und Organisation.* Königstein: Anton Hain.

DiMaggio, P., & Powell, W. (1983). The iron cage revisited: Institutional isomorphism and collective rationality in organizational fields. *American Sociological Review, 48,* 147–160.

Elbe, M. (2002). *Wissen und Methode. Grundlagen der verstehenden Organisationswissenschaft.* Opladen: Springer VS.

Elbe, M. (2007). Werte verwerten? Zum Spannungsverhältnis zwischen Führung und Ökonomisierung am Beispiel der Balanced Scorecard. In G. Richter (Hrsg.), *Die ökonomische Modernisierung der Bundeswehr. Sachstand, Konzeptionen und Perspektiven* (S. 33–50). Wiesbaden: Springer VS.

© Springer Fachmedien Wiesbaden 2015 27
M. Elbe, *Führung unter Ungewissheit,* essentials,
DOI 10.1007/978-3-658-07780-8
">

Elbe, M. (2011). Ungewissheit im institutionellen Wandel. Individuelle Ressourcen als Potenzial. In S. Jeschke, I. Isenhardt, F. Hees, & S. Trantow (Hrsg.), *Enabling Innovation. Innovationsfähigkeit – deutsche und internationale Perspektiven* (S. 87–98). Berlin: Springer.

Elbe, M. (2012). Management der Ungewissheit: Zukünftige Zumutungen der Führung. In S. Grote (Hrsg.), *Die Zukunft der Führung* (S. 173–189). Berlin: Springer.

Gross, P. (2002). *Kontingenzmanagement. Über das Management der Ungewissheit*. St. Gallen: Management Zentrum St. Gallen. (Forum 9).

Grote, S. (Hrsg.). (2012). *Die Zukunft der Führung*. Berlin: Springer.

Heller, J., Elbe, M., & Linsenmann, M. (2012). Unternehmensresilienz – Faktoren betrieblicher Widerstandsfähigkeit. In F. Böhle & S. Busch (Hrsg.), *Management von Ungewissheit. Neue Ansätze jenseits von Kontrolle und Ohnmacht* (S. 213–232). Bielefeld: transcript.

Jeschke, S., Trantow S., Hees, F., & Isenhardt, I. (Hrsg.). (2011). *Enabling Innovation. Innovationsfähigkeit – deutsche und internationale Perspektiven*. Berlin: Springer.

Kaplan R., & Norton, D. (1997). *Balanced Scorecard: Strategien erfolgreich umsetzen*. Stuttgart: Schäffer-Poeschel.

Kieser, A. (1996). Moden & Mythen des Organisierens. *Die Betriebswirtschaft, 56*(1), 21–39.

Kotter, J. (1996). *Leading change*. Boston: Harvard.

Lewin, K., Lippitt, R., & White, R. (1970). Patterns of aggressive behavior in experimentally created "Social Climates". In P. Harriman (Hrsg.), *Twentieth century psychology: Recent developments in psychology. Nachdruck* (S. 200–230). New York: Books for Libraries Press.

Luhmann, N. (1964). *Funktion und Folgen formaler Organisationen*. Berlin: Duncker und Humblot.

Luhmann, N. (2000). *Organisation und Entscheidung*. Wiesbaden: Westdeutscher.

Luhmann, N. (2003). *Soziologie des Risikos*. Berlin: de Gruyter.

Marr, R., & Elbe, M. (2001). Die Grenzen der Balanced Scorecard: Gedanken zu den Risiken eines kennzahlenorientierten Führungssystems. In H. Wüthrich, W. Winter, & A. Philipp (Hrsg.), *Grenzen des ökonomischen Denkens. Auf den Spuren einer dominanten Logik* (S. 365–386). Wiesbaden: Gabler.

Maurer, A. (2004). *Herrschaftssoziologie. Eine Einführung*. Frankfurt a. M.: campus.

Neuberger, O. (2002). *Führen und führen lassen. Ansätze, Ergebnisse und Kritik der Führungsforschung* (6. Aufl.). Stuttgart: UTB.

Neuhaus, C. (2006). *Zukunft im Management. Orientierungen für das Management von Ungewissheit in strategischen Prozessen*. Heidelberg: Carl-Auer.

Ortmann, G. (1992). Macht, Spiel, Konsens. In W. Küpper & G. Ortmann (Hrsg.), *Mikropolitik: Rationalität, Macht und Spiele in Organisationen* (2. Aufl., S. 13–26). Opladen: VS Verlag für Sozialwissenschaften.

Peters, B., Hermann, H., & Müller-Wirth, M. (2008). *Das Führungsspiel. Menschen begeistern, Teams formen, Siegen lernen – Nutzen Sie die Erfolgsgeheimnisse des Spitzensports*. München: Heyne.

Pfeffer, J. (1977). The Ambiguity of Leadership. *The Academy of Management Review, 2*(1), 104–112.

Pohlmann, M. (2007). Management und Führung. Eine managementsoziologische Perspektive. *Sozialwissenschaften und Berufspraxis, 30*(1), 5–20.

Pongratz, H. (2003). *Die Interaktionsordnung von Personalführung. Inszenierungsformen bürokratischer Herrschaft im Führungsalltag.* Wiesbaden: VS Verlag für Sozialwissenschaften.

Scharnhorst, J. (2008). Resilienz – Neue Arbeitsbedingungen erfordern neue Fähigkeiten. In BDP – Berufsverband Deutscher Psychologinnen und Psychologen (Hrsg.), Psychologie, Gesellschaft, Politik – 2008: Psychische Gesundheit am Arbeitsplatz in Deutschland. Berlin, S. 51–54.

Vester, H.-G. (1993). *Soziologie der Postmoderne.* München: Quintessenz.

Weber, M. (1980). *Wirtschaft und Gesellschaft. Grundriß der verstehenden Soziologie* (5. Aufl.). Tübingen: Mohr.

Weber, M. (1992a). Vorbemerkung zu den gesammelten Aufsätzen zur Religionssoziologie. In J. Winckelmann (Hrsg.), *Max Weber: Soziologie, Universalgeschichtliche Analysen, Politik* (S. 340–356). Stuttgart: Kröner.

Weber, M. (1992b). Einleitung in die Wirtschaftsethik der Weltreligionen. In J. Winckelmann (Hrsg.), *Max Weber: Soziologie, Universalgeschichtliche Analysen, Politik* (S. 398–440). Stuttgart: Kröner.

Wittgenstein, L. (1984). Über Gewißheit. In L. Wittgenstein (Hrsg.), *Werkausgabe Bd. 8 Bemerkungen über Farben [u. a.].* Frankfurt a. M.: Suhrkamp.

Wittgenstein, L. (1997). Philosophische Untersuchungen. In L. Wittgenstein (Hrsg.), *Werkausgabe Bd. 1 Tractatus logico-philosophicus [u. a.]* (11. Aufl.). Frankfurt a. M.: Suhrkamp.